CONTENTS I

HOUSE STYLING

川本邸の自宅スタイリング

前作『Deco Room with Plants here and there』制作時に住んでいた2階建ての一軒家から、ロフト付きのアパートメントへと居を移した川本氏。しかし、変わったのは住まいだけでない。経験を積み重ねるなかで、独自の感性は成熟度を増し、より大人の余裕を感じさせるスタイリングへと変化を遂げた。その一方で揺るぐことのない美学も、彼の新たな暮らしを通じて感じることができるだろう。

ENTRANCE

家の印象を決める玄関には、アイアン製のスツールの上に鍵や小さな植物を置いて、シンプルで上品なスタイリングを。スツールの脚や壁に掛けたフレームの黒が、空間全体を引き締めてスタイリッシュな雰囲気を演出。植物は葉の形や質感の異なるものを組み合わせると、小さなスペースにもメリハリが生まれてくる。玄関にシューズボックスがない家では、こうしたスツールや台を活用すると、ちょっとしたディスプレイスペースを確保することができる。

アクリル板をラバーバンドで留めるタイプのフレームに、写真やドライフラワーを挟み込んで壁面をディスプレイ。下のフレームには、基本に返るという想いから『Deco Room with Plants』のなかの写真を飾っている。フレームは、お気に入りの写真や雑誌をコラージュした上に葉を1枚のせて挟んだり、壁紙の色に合わせたカラーペーパーをドライフラワーの下に敷いて挟んだりと、アレンジが利くアイテム。また、左のフレームを外し、代わりにキレイな色の布を垂らして華やかさをプラスしてもいい。

LIVING & DINING

この家に引っ越す決め手となった、天高があって日当たりの良い開放的なリビング。床、階段、そしてロフトからもリビングを取り囲むように植物を配し、上から見ても下から見てもインパクトのある空間を創り上げた。壁全面が白だと明るくなりすぎるので、一面をグレイッシュなグリーンに張り替えてダークな印象をプラス。川本氏にとってマストだという横になってくつろげるサイズのソファでも圧迫感を感じさせないのは、壁や植物になじむオリーブカラーを選んでいるから。

階段は、植物を立体的に見せるのに効果的な場所。垂れ下がる植物を上段に置くと、スタイリングに動きが出る。今回は上から見たときのバランスも考慮し、葉の形が美しい大ぶりな植物を下段に配置した。独特の色合いが特徴的なフラワーベースはCONCRETE CATのもの。また、LAで購入したという工具用のカートは、図書館にあるカートをイメージして洋書などを収納している。下の写真の、木をモザイク風に組み合わせた柱はmeeting encounterに制作を依頼。

階段の幅に合わせて棚板を作ったというANTISTICのアイアンシェルフは、深みのある木とアイアンの質感が壁面のグレイッシュなグリーンと好相性。最近注目しているという現代アーティスト、DANIEL ARSHAMの石膏作品をメインに、吉田次郎氏による陶製の人形やパリで作ったオリジナルのキャンドルスタンド、Astier de Villatteのプレートなどをディスプレイしている。個性の強いアイテム揃いでも、全体のトーンをホワイトに統一することでスッキリとまとまって見える。

日差しのたっぷりと入る窓辺は、植物を置く絶好の場所。存在感のあるサボテンを台に乗せ、さらに上からもハンギングすることでレイヤー感が生まれた。床に植物を並べるだけだと平面的になりがちだが、台などを使って高さを出すと限られた空間を上手に活用することができる。左のシダ植物は、前作でリビングに置かれていたもの。その頃はまだ小ぶりだったが、2年でここまで大きく成長した。植物はボリューム感やシルエットが刻々と変化していくもの。その時々に合わせたスタイリングを考えるのも面白い。

ミリタリー調のソファは、ニューヨークを拠点に活動するアーティストJon Continoによるハンドペイントが施された一点物。麻の穀物袋で作られたクッションといった近いテイストのものを合わせたくなるところを、あえてMISSONI HOMEの手織りのクッションでモダンな要素を加えている。このバランス感が、今の川本氏のスタイルを象徴しているといえるだろう。そして、川本氏が惹かれてやまないという人の手によって生み出された品々には、手仕事ならではの味わいがあり、その佇まいが空間に深みを与えてくれている。

ロフト上の三角窓のスペースは、この家のお気に入りのひとつ。天高があり、背の高い木も置くことができる。日当たりが良いので、これから植物がのびのびと育っていくのが楽しみな場所だ。このロフトにフックを掛けてハンモックを吊り下げると、高さのあるディスプレイスペースが完成。エアプランツを飾るだけで、インテリアのワンポイントになって楽しい。スペースの狭い部屋では、ホームセンターなどで購入できるネットの両端を絞って小さなハンモックを作り、窓際に吊り下げるだけでも部屋のイメージを変えられる。

NYのコーヒースタンドで見かけて印象的だったという、自転車をカウンターの上に吊った内装を参考に、ロフトに自転車をディスプレイしたスタイリング。フレームの黒みがかった赤が派手になりすぎず、程よいアクセントになっている。自転車の下にハンギングした大きなシダは、ダイニングのライトとの調和も美しい。ダイニングの壁は、今回初めて挑戦したテラコッタ色。イタリアやモロッコの匂いを感じる色味で、とても気に入っているのだそう。壁に色を取り入れる際は、少しくすんだ色味をセレクトすると馴染みがいい。

BEDROOM

西向きの窓から差し込む午後の光が、美しい影を描き出すベッドルーム。影は刻々と表情を変え、その様子に心安らぐ空間だ。このスペースの特徴である大きな窓には、木で作った黒い窓枠を取り付けて、海外のアパートメントのような雰囲気に。日本の家の窓はアルミサッシが多いが、こうしたひと工夫でスタイリッシュな印象になる。外からの視線が気にならない立地のため、カーテンは付けずにハンギングした植物やエアプランツをディスプレイしている。

いつの間にか増えてしまったフレームは、いろいろな場所に飾るとまとまりがなくなるため、集めてディスプレイしている。NYの地図から植物の図鑑、世界遺産チンクエ・テッレの写真、ナバホのコンチョが付いたフレームのものまでそれぞれのテイストは異なるが、こうして飾るとひとつのオブジェのような趣に。フレームのラフなディスプレイ方法としておすすめのアイデアだ。手前の壁にはJOURNAL STANDARD×carharttのウォールポケットを吊るし、エアプランツやプレートなどを入れてその日の気分でスタイリングを楽しんでいる。

WORKSPACE

デザイン作業に集中できる場として、前の家にはなかったワークスペースをベッドルームに併設。GREEN FINGERSの倉庫に眠っていたミシン台をリメイクしたアイアンのデスクやメタルチェアといった金属の質感が、ネイビーの壁と相まって重厚感を醸し出している。クランプ型の棚受けに板を挟んだ飾り棚は、スペースに応じて板の幅や長さを変えられて使い勝手が良い。飾り棚には雑貨と同じくらいの背の植物を、雑貨を並べるような感覚で置くとバランス良くまとまる。

飾り棚には、鉱石や陶器のオブジェなど、これまで訪れたさまざまな土地での思い出が詰まった品々が、植物と共にディスプレイされている。インディアンが描かれたカードは、川本氏が感性に惹かれるアーティストのひとり、アメリカ先住民を先祖に持つアーティストIshi Glinskyのサンクスカード。怪傑ゾロのフィギュアの隣には、CONCRETE CATのスタンドに余った海外の紙幣をラフに挿して。こうした細かい雑貨は点在させるのではなく、ひとつの場所にまとめて飾ることで見応えのあるディスプレイになる。

KITCHEN

軽い食事をとったり、仕事をしたりと、実は過ごす時間が長いというキッチン。カウンターは小さなスペースなので、頻繁に植物を入れ替えて楽しめる場所だ。カウンターの上の赤いボックスは、サンタ・マリア・ノヴェッラのアルメニアペーパー。落ち着く香りの紙のお香で、帰宅時や寝る前など、家でのんびりと過ごしたいときに焚いている。普段は冷蔵庫の上に収納しているワイヤーバスケットは、スタッキングできるのでキッチンにあると重宝するアイテム。

前作ではリビングダイニングで使っていたブックシェルフに、少しずつ買い集めているAstier de VillatteとJOHN DERIANのプレートをディスプレイ。日当たりの心配がいらないアーティフィシャルプランツとドライフラワーを無造作に飾り、味気なくなりがちなキッチンにアンティークの風合いをプラスしている。お気に入りの食器はしまわずに飾れば、インテリアの一部としても効果的。食器を飾るときは、生活感を出さないよう心がけたい。雑多な印象を与えないよう、世界観の合った食器を選ぶようにしてみて。

CLOSET

ワークスペースの奥にあるウォークインクローゼットには、ヴィンテージショップさながらのディスプレイで服から小物までぎっしりと収納されている。衣装持ちでなかなか捨てられないという川本氏にとっては倍の広さが欲しいそうだが、かなりの収納力があるスペースだ。以前はベッドルームのシェルフに畳んで置いていたシャツ類はハンガーにかけ、Tシャツやスウェットは木箱で仕切り収納するなど、普段は隠れている場所にもこだわりが随所に詰まっている。

型崩れしやすい帽子は、天高を利用して飾るように収納。ハンガーラックの下には業務用のアイアンシェルフを設置し、Steele Canvas Basketのバスケットや業務用のコンテナを並べて洋服を収納している。上段のバスケットは工具入れだが、下着や靴下、バンダナなどの小物をしまうのに便利。衣装用の収納用品を使うのではなく、あえて本来の用途とは異なるものを自由な発想で取り入れるアイデアはぜひ参考にしたい。特に、丈夫で機能性に優れたインダストリアルなアイテムは、無駄のないデザインやカラーリングも魅力だ。

BALCONY

リビングとベッドルームに面した日当たり抜群のバルコニーは、その緑溢れる景色が部屋で過ごす時間にも目を楽しませてくれる大切な場所。植物の手入れをしたり、チェアに腰掛けてコーヒーを飲んだりと、ほぼ毎朝バルコニーに出るのが習慣になっている。これまでの一軒家の庭に比べてコンパクトだが、難点を逆手にとったスタイリングによって迫力のある庭に仕上がった。そして、もうひとつロフトにバルコニーが付いていることも、今回の住まいを選んだポイントに。

インパクトのある庭を作るには、背の高い植物を取り入れるのがポイント。このバルコニーは目の前に隣の家と電柱があるので、それらを遮るように大きめの植栽を配置している。また、エアコンの室外機には木製の黒いカバーを取り付けて目隠しをし、上からツル植物を垂らすことで動きのあるスタイリングに。邪魔だと感じがちな室外機も、うまく利用すれば庭作りに役立てることができる。ほかにも、小さな鉢は木箱を重ねてディスプレイするなど立体感を意識している。これからガーデニングを始めるという人は、いきなりこのボリュームを目指さず、まずは手入れのできる分量から挑戦してみて。

庭は単体としてだけでなく、さまざまな場所からの見え方も意識して。このバルコニーはベッドルームの窓からも見えるため、ベッドに寝転んだときの視界も考慮して背の高い植物をスタイリングしている。バルコニーの木の葉が風で揺れる様子や、奥に見える桜並木が季節ごとに彩りを変える姿を眺めるのは、川本氏にとって心安らぐひとときだ。バルコニーの床には、前作の家で玄関とバスルームに使っていたアンティークタイルを敷き詰めており、あせたタイルの色味と足元の多肉植物のグリーンのコントラストが美しい。

朝日がたっぷりと差し込み、真っ白な壁が印象的なロフトのバルコニー。このバルコニーには出ることが少ないため、水やりの頻度が少なくてよい多肉植物やサボテンを中心に置いている。水やりに自信のない人は、こうした植物を選んで育ててみるのがおすすめだ。壁に映えるカラフルな色味の鉢を選んだり、ベッドのスプリングの廃材を利用したオブジェなどの遊び心のあるアイテムをディスプレイしたりすることで、明るく楽しい印象に。青空を背景に大きな木がのびのびと葉を広げ、気持ちの良い空間が広がっている。

SHOES ROOM

靴好きの川本氏にとって欠かすことのできないシューズルームを、今回の家ではロフトに設けた。バルコニーの窓と三角窓の2面から光が入るため意外と明るく、どんな植物でも置けるため、川本氏が好きなリプサリスやシダ植物を選んで飾っている。朝はバルコニーからの朝日が、そして夕方には三角窓からの夕日が望める、とても良い環境。これまでずっと一軒家に住んできたため、こうした天気や季節を日々感じられる生活は、新鮮な感覚を与えてくれているという。

間口がそこまで広くないため、木箱は高く積み上げずに階段状に置き、圧迫感を感じさせないひと工夫。ツル植物やリプサリスは、木箱の上から垂らすことで美しいフォルムが活きるようにディスプレイしている。LAで買い付けてきたラグは、これまで玄関やベッドルームで使ってきたものを一箇所に集めて敷き詰めて。それぞれ模様や大きさは違うが、色のトーンが揃っているので統一感が出ている。折りたたみのソファに腰掛けて暮れゆく景色を見るのは至福のときで、ここでお酒を飲むこともあるのだそう。

BATHROOM

リラックスできる場であるバスルームは、左右から上に向かって伸びるシダと、上から垂れ下がるシダとが重なり合った、ワイルドな空間に。バスルームは一般的に、窓があっても日がそこまで入らないことが多く、湿気もこもりがちな場所。そのためシダ植物などの、日当たりが十分でないところでも育ち、湿気を好むものを置くとよい。ただし、バスルームの環境によって適した植物は変わってくるので、日当たりや風通しを考慮して選んでみて。

洗面台の上のデッドスペースには、コンパクトなサイズのアーティフィシャルや本、絵などをディスプレイ。一見、物を飾るところがないように見えても、こうしたデッドスペースは割とあるもの。上手に利用すると、味気ない部屋にも彩りを加えることができる。洗濯機の上には、ワイヤーバスケットを壁に引っ掛けてタオルや洗剤を収納。収納スペースがない場所でも、スタイリッシュな雰囲気を崩すことなく、ディスプレイするように日用品を収納できる、簡単だけれどなかなか思いつかないアイデアだ。

REST ROOM

トイレには、アーティフィシャルとエアプランツをミックスしたスタイリング。アーティフィシャルを使うときには、本物の植物をよく観察して性質を知った上でディスプレイするのがポイント。例えば、アイビーはツタを絡めるのではなく、壁に沿うようにして這わせるとリアル感を演出できる。窓辺のスペースには、光に透けると美しいガラスの小物を並べて。古いガラスの小瓶には、折れてしまったリプサリスや剪定した観葉植物を挿して楽しんでいる。

Column 1

My new place
新たな住まいについて

———

長いあいだ庭付きの一軒家に住んできた川本氏が選んだ新たな家は、これまでとは趣の異なるロフト付きのアパートメントだった。そこには一体、どんな心境の変化があったのだろうか。新居選びで重視したポイント、そして年月を経て変わってきたというインテリアの好みやスタイリングに対する意識について話を伺った。

Photographed by Satoshi Kawamoto

新居の決め手はリビングルーム

『Deco Room with Plants』や『Deco Room with Plants here and there』で住んでいた家はどちらも庭付きだったので、今回ももともとは庭のある物件を条件に探していたんです。なので、もし2階以上の物件に引っ越すのであれば、大きなバルコニーが付いている古いマンションがいいなと思っていました。この家は築年数が浅いアパートメントの2階で、バルコニーは理想よりも狭かったんですが、内見に訪れたときに「ロフトの三角窓に植物をたっぷり置いてリビングから見上げたら、さぞかし気持ちが良いだろうな」ってすぐにイメージが浮かんだんです。必須条件だった庭を上回る、日当たりがよくて天井の高い、植物がたくさん置けるリビング。そこが今回の家の決め手になりました。これまでの家はどこも室内に植物を置けるスペースが限られていたので、今回はこのリビングでどれだけ面白いことができるか、というのが自分のなかでも新たな試みでしたね。間取り的には前回の家よりも狭くなったので、ダイニングテーブルを小さくするなど変えなくてはならない家具もあったのですが、うまく再利用できるものもあって。ほどよいサイズ感で、使い勝手の良い住まいになりました。下が駐車場で隣は廊下ですし、上に部屋がないので周りの生活音が気にならないのもとても良くて、しばらく住み続けることになるんじゃないかなって思っています。

経験を積んで変わってきたこと

これまでの『Deco Room with Plants』を振り返ると、1冊目の頃は日本の平屋というものに惹かれていました。もともとアンティークに携わる仕事をしていたこともあって、アンティークのものが好きなのですが、そういったテイストにもしっくりとハマっていましたし。『Deco Room with Plants here and there』の際の家ではすっきりとした印象になり、今回はまた少しスタイルが変わって、より都会的で大人な空間になったかなと思っています。もちろん、だからといって1冊目のときの家が良くなかったというわけじゃなくて、「この頃はこういうのが好きだったんだよね、この感じもいいよね」って思っていますよ。これはインテリアだけでなくファッションにも言えることですが、さまざまな国で仕事をしていくなかで、異なるテイストのものをミックスするバランス感覚が重要だと感じるようになりました。日本人はきちっとしているので「あの人がこうしているから、こうじゃなきゃダメなんだ」と考えたり、なんでも過度になったりしやすいと思うんです。でも、NYの人たちは「自分はこれがいいと思うからやる」という個性があって素敵だなと感じるこ

Column 1
My new place

もともと壁はすべて白だったが、リビングはグレイッシュなグリーン、ダイニングはテラコッタ、ベッドルーム兼ワークスペースはネイビーに、それぞれ一面の壁を張り替えた。三角窓のスペースに設置されていたハシゴは外し、空間を有効に活用。バルコニーは、目の前に建つ電線の主張が強いため、存在感を消すことを意識して植物をスタイリングした。街路樹の桜は春になると満開に咲きほこり、バルコニーからの眺めも一変する。

とが多くて、こだわりを持っている部分がスタイリングからも伝わってくるんですね。僕は海外に行くことが増えて、そういったスタイルを見られることがとてもいい経験になっていて、だからこそインテリアの趣味も少し変わってきているのかなと思います。今はインスタグラムをはじめとするインターネットでもお手本になるものがたくさんありますが、「この人が格好良く見えるのは、ここにこだわっているからだな」という見方をしてみるといいと思いますよ。

バランスを意識したコーディネート

人それぞれ好みがあるので、これが正しいというものはないのですが、僕のなかではモダンなものとアンティークのものをミックスするのが好きですね。今回の住まいをご覧いただけたら分かるかと思いますが、部屋ごとにモダンとアンティークの比率も変えています。メリハリを付けたほうが面白くなるので、部屋によって少しテイストを変えるというのも手だと思いますよ。例えば今回、ワークスペースは男っぽい仕事部屋をイメージして、脚がアイアン製のミシン台の天板を塗ったりメタルチェアを合わせてみたりと、シルバーと黒を取り入れたコーディネートをしています。本当は、インダストリアルな照明を付けようかなと思っていたんですが、せっかく天井が高くて明るさも問題なかったのでそのままにしました。この部屋はワークスペースとベッドスペースを兼ねているので、結果的に自然光を活かしてよかったと思っています。インテリアもすべてを変えるのは大変だし現実的ではないから、持っているものにひとつ新しいものを足してみるだけでもいいと思うんです。それだけで、1足す1が10にも100にも変わることがある。そうすると気分も上がるし、人を招いたときに「どこか前と違うね」と言ってもらえたり。そうやってコーディネートの面白さを感じてもらえたらいいなと思いますね！

おすすめのリノベーションアイデア

今後は、トイレやバスルームの壁紙を変えてみたいなと考えています。パリのアパルトマンに憧れていたときは、トイレの壁をオレンジピンクにしていたこともあるんですよ。トイレやバスルームは狭くてほかの部屋と区切られているスペースなので、思い切ってインパクトのある色に挑戦してみるのも良いと思います。逆にリビングやベッドルームなど広さのある部屋は、全面の壁の色を変えてしまうと一気に暗くなってしまったり狭く感じたりすることがあるので、一面だけ変えてみるのがおすすめです。それだけでも、十分に効果的で気分もかなり変わると思いますよ。

CONTENTS II

STYLING PATTERNS & TABLE SETTINGS

スタイリングパターンとテーブルコーディネートのアイデア

この章では、部屋ごとのスタイリングパターンと、さまざまなシチュエーション
を想定したテーブルコーディネートを提案。ちょっとしたアレンジを加える
だけで、同じ空間でもその印象はがらりと変わるもの。植物のディスプレイ方
法に限らず、家具や小物の選び方からスタイリング、そして根底にある考え方
まで、ぜひ自分なりに解釈して、日々の生活に活かしてほしい。

STYLING PATTERN 1

LIVING

左は、1950年代のイタリアのガラスボールシャンデリアをリプロダクトしたライトの重厚感が際立つスタイリング。足元は、古い刺し子の敷き布に現代的なラグを組み合わせた。右は、Tom Dixonの有機的なフォルムのライトでスタイリッシュに。植物が映り込む様子が美しいライトは空間に馴染む分、インパクトのあるラグを敷いた。照明やラグは部屋の印象を決めるアイテム。壁の色を変えるのが難しければ、まずはラグから変えてみて。

STYLING PATTERN 2
BALCONY

P26よりも多肉質のものを減らしてすっきりとした印象のバルコニーと、さまざまな植物が織りなす豊かな表情が魅力のプリミティブなバルコニー。左は、新たに加えたオブジェのようなユニークな形状の植物が映えるよう意識した、引き算のコーディネート。右は対照的に、花を多めに配して華やかに。花にはダークな色味の葉を合わせたり、細い葉のグラス類を足したりするなど、合わせ方次第で甘くなり過ぎず格好良く仕上がる。

STYLING PATTERN 3
BATHROOM

植物のボリュームを変えた、2つのコーディネートパターン。さらに植物を足すと、P32のように。床に植物を置きづらいバスルームでは、右のようにハンギングするとスペースを有効的に使うことができる。光の入る窓辺には、葉の形や色がキレイな植物を選んで。バスルームは用途が明確な場所なので、使うときに気持ちよく感じられるかどうかが、なによりも重要。植物の分量を調整して、自分なりのベストを見つけたい。

STYLING PATTERN 4
REST ROOM

ディスプレイに扱いやすい、エアプランツとドライフラワーをそれぞれ使ったトイレスペースのスタイリング。瓶に挿すだけでなく、吊るしたり、垂らしたりと、さまざまな方法で狭い空間を彩った。右では、SLOANE ANGELL STUDIOのフラワーベースにくすんだブラウンのドライフラワーを挿して。フラワーベースが鮮やかな色のものの場合、花は落ちついた色味のものを選ぶと派手になり過ぎず、シックにまとまる。

TABLE SETTINGS

ここでは、シチュエーションごとに4つのテーブルコーディネートを紹介。ひとつめは、コーヒーとフルーツサラダで朝食をイメージしたコーディネート。フレッシュな生花と観葉植物の葉をラフに散らして、爽やかな一日の始まりを演出。ピンクの花は単体だとかわいい印象が強いので、ダークグリーンの葉を添え、テーブルウエアもダークブラウンやネイビーのどっしりと重みのある陶製のものを選ぶことで、全体を引き締めている。

気の置けない友人と食卓を囲む風景をイメージ。アメリカのダイナーにあるようなプレートや、会話のネタになりそうな遊びの効いた絵皿など、カジュアルな食器に料理を盛り付けた。シダは切った葉を使ったり、鉢のまま無造作に置いたりと、野趣に溢れるスタイリングを。皿に盛ったトマトやスモークサーモンの赤と、シダのグリーンのコントラストが効いている。人を招くときは、例えばシダの葉一枚をテーブルに添えるだけでも、もてなし感が高まる。

豆とベーコンのサラダをメインにした、見る人に驚きを与えるコーディネート。ブラックビーンズに合う、ラベンダーカラーの花をテーブルや皿の上に配し、花びらも散らしてリズム感をプラス。さらに、独特なフォルムの鶏頭の花や、大きなひまわりの種を中央の皿の周りにディスプレイし、川本氏ならではのグロテスクなテイストも盛り込んだ。サラダを取り分けたオーバル皿は、使い込んでいくうちに味が出てくるのが楽しみだという吉田次郎氏の作。

大皿に盛り付けた夏野菜のグリルが主役の、色鮮やかで目にも美味しい食卓のしつらえ。カラフルな洋食器のなかに取り入れた和の器や、華やかなドライフラワーと組み合わせたトゲのある緑の実ものなど、そこかしこに和を感じさせる演出を施した。テーブルコーディネートは、料理をより美味しく、そして食事のひとときをより楽しく過ごすためのスパイス。特に人を招く際は、料理だけでなく食器やテーブルの上の植物にも気を遣ってみて。

Column 2

Project of interior products

インテリアラインの展開について

———

本書でもたびたび登場しているインテリアショップ、journal standard Furnitureと川本氏のコラボレーションアイテムが誕生。インテリアへの造詣の深い川本氏が作るアイテムには、彼ならではの遊び心と独創的なアイデア、そして使う人に心地良さを感じてもらうための、こだわりが詰まっている。

一日の疲れを癒してくれるアイテム

journal standard Furnitureとのコラボレーション、その第1弾で制作したのは、ベッドルーム周りのアイテムを中心にしたファブリック類と、本物の植物をアクリルのなかに閉じ込めた、スタンドライトです。まず、ファブリックについてですが、今回は僕が描いた植物のスケッチをプリントしています。これまで僕が描いてきたレタリングのようなタッチのものは、今では多くの人が描くようになって巷に溢れています。なので、ファブリックを作るのであれば、それとは違うものを描きたいという思いがありました。そこで、僕の人となりがもっと分かるものって何だろう、と考えて、「図鑑」をテーマに植物をスケッチするというアイデアを思い付いたんです。今回、50種類の植物の葉を描いたのですが、それらはどれも僕の家にあるものなんですよ。なので、この本に載っている写真と見比べて、この葉はどの部屋にあるどの植物かな、といった具合に探してもらうのも楽しいと思います。

寝具類のイラストに添えられているのは、世界中の言語で「おやすみ」という言葉。もちろん、日本語の「Oyasumi」も書かれている。ベッドルームでリラックスするときに使うアイテムなので、絵の主張が強くなりすぎないよう、線は薄いグレーをセレクト。優しい印象に仕上がった。

コラボレーションだからこその面白さ

スタンドライトには、ドライの植物を素材として使っています。まだサンプルができ上がっていないのですが、かなり面白いものになると思いますよ。これまで、ワイヤーの土台にドライフラワーを装飾した「プランツシャンデリア」というランプを制作したことがありました。でも、今回はコラボレーションということで、自分の考えをうまく人に伝えることを意識しましたし、さまざまな人から意見をもらいながら作る面白さもありましたね。スタンドライトは実際に工房まで行って、「アクリルのなかは空中図鑑のようにしたいので、こういうバランスで植物を入れてください」と職人さんに細かい部分まで伝えて作ってもらっています。ひとつとして同じものがなく、それぞれ異なる表情を楽しめるので、ぜひ店頭で実物を見てみてください。今回は、ベッドルーム周りのものを制作したので、次はリビングやダイニングで使うアイテムなど、シチュエーションごとに定番になるようなものを少しずつ作っていきたいですね。それと、オリジナルの食器にも興味があるんです。食器にプリントを施したり、陶芸家の人と一緒に作ったり、さまざまなパターンを展開して、シーズンごとに発表できたら面白いなと思います。

インテリアラインを通じて伝えたい想い

海外に行くと驚かされるのが、ホームセンターのペンキコーナーでたくさんの人がペンキを選んでいること。海外では、インテリアを楽しむ度合いが日本とは格段に違い、住み心地をいかに良くするかを追求しているな、と感じます。壁を塗るのはハードルが高ければ、小さなボックスや、すのこを塗ってみるだけでもいいと思うんです。そこに植物を組み合わせれば、さらに表現の幅も広がります。そんなふうに、インテリアを自分らしく取り入れることに興味を持ってもらえる、きっかけ作りをしたいですね。そのためにも、インテリアラインでの表現をこれからも続けていきたいです！

Column 2 Project of interior products

今回制作されたのは、布団カバーやピローケース、ラグ、タペストリー、ソファのカバーといったファブリック。イラストは、植物図鑑の図版をイメージして描かれている。プリントのアイテムは、いくつかある手法のなかから、鉛筆で描いたテクスチャがもっとも表現できるものを選んだ。

CONTENTS III

FRIEND'S PLACE STYLING

知人・友人たちのスペースをスタイリング

川本氏の知人宅や、日頃から付き合いのある人々のオフィス、ショップをスタイリング。それぞれの空間が持つ世界観を巧みに捉え、そこに川本氏のエッセンスを加えることで、まったくテイストの違った6種類のスタイリングを誕生させた。ここでは、その場所にもともとあったアイテムを活用してアレンジを施し、新たな魅力を引き出す見事なテクニックにも注目したい。

CONTENTS III　Friend's Place Styling—CAMIBANE

CAMIBANE
カミバン

愛知県半田市青山4-10-4
[Hair salon] 9:00-20:00、[Bakery/Cafe] 9:00-売り切れまで、
[Hair salon] 火曜定休日、[Bakery/Cafe] 火・水曜定休日

緑に囲まれた隠れ家のような小さな店、CAMIBANE。「小屋にみんなが集まり、寛いでいってほしい」という想いから、フランス語で、仲間・友達（ami）、小屋（cabane）を表す言葉を組み合わせて名付けられ、夫婦で美容室と石窯天然酵母のパン屋を営んでいる。古くからの友人である川本氏が、ふたりから「森のなかにあるような店にしたい」という依頼を受けて庭の植栽を手がけ始めてから9年。背の高さほどだった木々は、今や店を覆い隠すほどに生い茂り、川本氏も驚くほどにラスティックな魅力をたたえた庭へと成長した。

今回のスタイリングで新たに加えた、大きなコウモリラン。店先に彩りをプラスし、インパクトのある姿で訪れる人々を華やかに出迎えてくれる。環境が素晴らしくて植物がよく育つ場所だというCAMIBANEの庭は、もともと森だったのではないかと錯覚させるほど、植物の生命力に満ち溢れている。脚立に乗せた多肉植物も、最初の施工時にディスプレイしたもの。9年という歳月が、人の手では作ることのできない、野性味あふれるフォルムを作り上げた。経年により変色したジョウロやミルク缶の風合いも、その味わいを深めている。

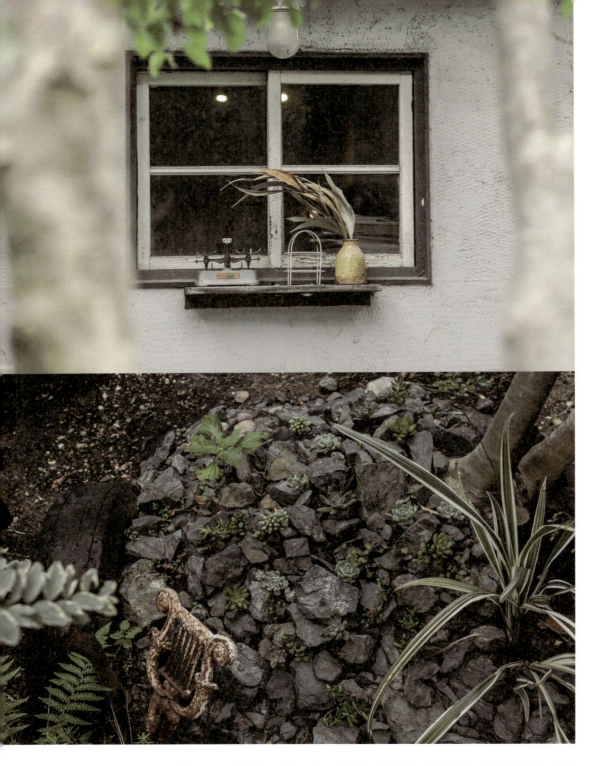

上は、もともとCAMIBANEにあった天秤にドライの植物を合わせたディスプレイ。迫力がある大きな葉は、店内から見たときの表情も楽しめる。古道具の持つ趣きと色あせたドライは非常に相性が良く、スタイリングに取り入れると絵になる空間を創り出すことができる。下は、庭の寂しかったスペースを使ったアレンジ。敷き詰められた石の隙間を埋めるように多肉植物を植え込んだ。ゴツゴツとした石の質感のなかで、ふっくらとした形の多肉がアクセントとして効いている。時を重ね、どのように変化していくかも楽しみなスタイリングだ。

近所で購入した花に、庭のユーカリを切って活けただけのアレンジも、空間の魅力と相まって静謐な情感を漂わせている。活けたてで、無造作に机に置かれたままの剪定した葉までもが完璧な佇まいで、ここになくてはならないもののように感じさせる。鮮やかなターコイズブルーが目を引く美容室の壁は、川本氏が色をセレクトした。もともと店にあったドライフラワーとユーカリを吊り下げ、時をかけて朽ちていったような退廃的なムードが印象的なディスプレイに。壁に埋め込まれた、銭湯で使われていたというロッカーの扉も世界観を深めている。

店内には、購入したパンを食べたり、休憩したりできるちょっとしたカフェスペースも併設。味のあるテーブルの上に、剪定したユーカリの葉やエアプランツを転がした、作り込みすぎないラフなスタイリングがCAMIBANEの雰囲気ともマッチしている。壁やチョークボードのレタリングは、川本氏が訪れるたびに少しずつ描き足したもの。CAMIBANEのふたりはリスペクトし合える仲間であり、この場所はそんな仲間と過ごす時間の大切さを教えてくれる、と川本氏。今後、新たなプロジェクトを共におこなう予定もあるのだそう。

LARRY SMITH'S OFFICE

ラリースミス オフィス

インディアンジュエリーを現代のスタイルに落とし込んだブランド、LARRY SMITHがオフィス兼ショールームを構えるビルの屋上でのスタイリング。この屋上の特徴は、東京タワーを目の前に望める、そのロケーション。東京の象徴である東京タワーと、ネイティブインディアンの世界観とのミスマッチ感を狙い、ユニークな形のサボテンや、豪快に葉を伸ばした植物をディスプレイ。NORDISKのティピ型テントのなかにも多肉植物やエアプランツを飾り、東京タワーに負けないインパクトのあるスタイリングが完成した。

サボテンを入れた袋は、LAで購入したもの。昔の郵便局で使われていたという袋で、使い込まれるうちに生まれたクタッとしたテクスチャーがアウトドアな雰囲気を引き立てている。鉢にバッグや布をざっくりと被せてプランツカバーにする技は、こなれ感を簡単に演出できるアイデアだ。また、屋上のコンクリートの床は、そのままでは味気ないので、ネイティブ柄のラグを上から敷いている。大きなラグがないときは、小さなラグをたくさん集めてみて。どんなスペースにも対応できて、重ね合わせることで生まれる表情も面白い。

エイジング加工した白いフレームは、立てかけるだけでスタイリングのスパイスに。フレームから植物が飛び出すようにディスプレイすることで勢いが生まれ、アートピースのように存在感のあるディスプレイになった。サボテンの奥に置いたのは、工場で使われていた紙の筒。色ムラやステンシルの剥がれ具合が格好良い。流木でできたボールにヴィンテージのコンチョベルトを乗せた、土着感のあるオブジェをその手前にディスプレイ。植物だけでスペースを埋めようとせず、こうしたアイテムを取り入れると、空間に深みを与えることができる。

ムードが欠かせないアウトドアでは、料理や食器にもこだわりたい。今回のイメージに合わせて用意したのは、バゲットにソーセージやアボカドといった食材を挟んで食べるホットドッグ。ホーローのプレートやマグは、無骨さがアウトドアにぴったりで、スタッキングしてラフに持ち運べる丈夫さもうれしい。さらに、日が暮れて暗くなったら、ランタンやキャンドルを灯せば雰囲気が一変。都会の夜景を背景にした、幻想的な光景を楽しめるのは、アーバンアウトドアならでは。柔らかな灯りに照らし出された、植物のシルエットも美しい。

T'S HOUSE

T邸

由比ヶ浜のビーチから歩いて10分の場所に建つT邸は、サーフィンが趣味というご主人のこだわりを感じる、西海岸テイストの強いお宅。両側の窓から光が入る間取りを活かして、植物が主役の部屋を創り上げた。ハンギングを多用して、上へと伸びる植物と下へとしだれる植物を織り交ぜ、どこから見ても気持ちのよい空間に。背の高いサボテンが印象的だが、P66のネイティブアメリカンが住む砂漠の空気感を感じさせるスタイリングとは異なり、ここではもう少し湿度を感じるニュアンスを意識している。

今回のスタイリングでは、お宅にあった植物や雑貨も活用した。例えば、棚の上に置かれていたスケートボードには、もともとあった植物を乗せてディスプレイ台に。鉢で枯れていた花は切ってフラワーベースに挿し、シェルフに飾って。また、サーフィン関連の本は色がキレイなので、エアプランツや薄いイエローのサングラスと共にディスプレイした。スタイリングは、新しいものをプラスするだけではない。あるもののレイアウトを変えたり、気にしていなかった部分に目を向けたりするだけで、見慣れた空間が新鮮な印象に変わる。

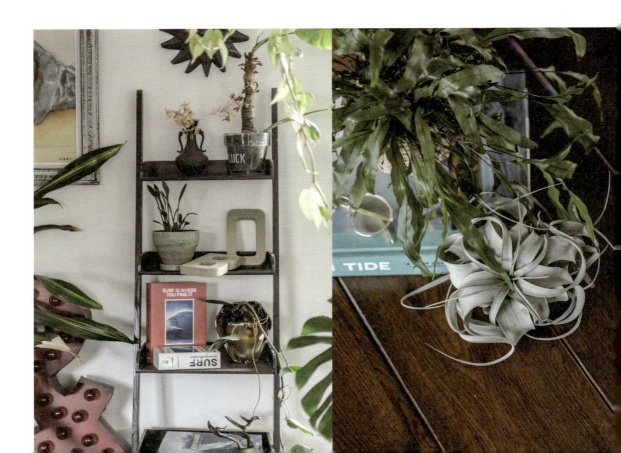

見晴らしのいい屋上は、ご主人が作ったというベンチや、サーフボードのカラーをアクセントにコーディネート。小さな花の咲いた植物を左右に配置して、派手すぎない華やかさもプラス。潮風を感じながら、揺れる葉陰に心癒されるスペースになった。注目したいのは、綿ロープを編んだもので単調になりがちな壁を装飾していること。スタイリングの世界観と建物とを繋ぐ役割をしてくれるロープは、取り入れると空間に一体感が生まれやすい。P66での使い方も、その好例だ。特別感も演出できるので、パーティなどでのアレンジにもおすすめのアイテム。

R'S HOUSE

R邸

R邸は駒沢公園に隣接する、素晴らしい眺望が魅力のマンション。この緑溢れる借景をどう活かしてバルコニーを彩るかが、ここでのスタイリングのテーマとなった。背景の木々の深いグリーンとの調和を意識して、奥には鮮やかなグリーン、そして手前にはダークグリーンの植物を配置。濃淡さまざまな色味の植物が組み合わさって、奥行感が表現されている。さらに、背の高いものから低いものへとグラデーションになるように構成することで、まるで公園からバルコニーまで緑が続いているような、ダイナミックな庭に仕上がった。

　個人宅のスタイリングをおこなう際には、住む人の趣味をイメージしつつ、自分のテイストも貫くことを常に心がけている。今回は、Rさんの好みを反映させ、エレガントさを感じさせつつ、グロテスクな要素を随所に盛り込んだ。錆びた質感の棚にディスプレイしたエアプランツや多肉植物の寄せ植えは、上からアイビーのツタを這わせて。キレイに作り込み過ぎず、あえて少し荒れたような雰囲気を演出した。また、本書では度々紹介しているが、ここでもピンクの花には黒っぽい葉やシルバーの葉を合わせ、どこか毒っ気のあるテイストに。

お宅にあったお皿やカトラリーを使って、ちょっとしたガーデンパーティーをイメージしたテーブルコーディネート。庭で枯れていた花を添えたプレートや、テーブルを這うように伸びたサボテンを使ったディスプレイが、テーブルとチェアの風合いともマッチして、ダークな美しさを醸し出している。定期的に川本氏がバルコニーのメンテナンスを手がけているという、このお宅に住むRさんは、インテリアのセンスも抜群で尊敬できる女性。時にアドバイスをもらうなど、いい刺激を与えてくれる良きお姉さんといった存在でもあるのだそう。

CONTENTS III　Friend's Place Styling—H'S HOUSE

　日を遮るものがないこのバルコニーは、植物にとって絶好の環境。鉢に植えたセダムは種が床にこぼれ落ちて増えていき、思いもよらない豊かな情景を描き出している。今回のスタイリングでは、鉢の足元に多肉植物や花などの背の低い植物をたっぷりと植え込み、更にボリューム感を出した。寄せ植えは、さまざまな表情を持つ植物をひとつの鉢に集められるため世界観を表現しやすく、高低差を付けると立体感を出すことができる手法。鉢の足元に加える植物は、もともと植えてある植物とのバランスや性質に合わせて選んで。

H'S HOUSE
H邸

青山通りからほど近い場所に位置するH邸。新築でまっさらな状態のバルコニーの床に、ウッドパネルを敷くところから川本氏が携わり、いちから庭を作り上げていった。バルコニーに置く植物は、凛とした女性であるHさんのイメージに合わせて葉ものを中心に構成。細い葉の植物が多いことに加え、花は寒色系のものを選び、鉢の色もモノトーンで統一することでスタイリッシュな印象に。もともとはワイドもボリュームもなかったという木々は、家の高さを超える勢いで枝葉を広げ、都会の喧騒を忘れるほどにワイルドな姿を見せている。

床のウッドパネルはもともとグレーにペイントしていたが、徐々に色あせて木の素地が現れ、独特の風合いへと変化した。決して狙って作ることのできない、時の経過を感じさせる味わいだ。ウッドパネルと組み合わせたのは、川本氏がインドネシアで作ったというタイル。同じパネルを一面に敷き詰めるのではなく、タイルや砂利といった異なる質感のものをバランス良く混ぜると、変化が付いて面白い。鮮やかなブルーが効いているモロッコのアンティークタイルは、ラフに鉢に立てかけて。風化した佇まいが、空間に絶妙にマッチしている。

FORTELA
フォルテラ

ミラノの中心街から少し離れた場所にある、Alessandro Squarzi（アレッサンドロ・スクアルツィ）氏が手がけるメンズウェアブランド、FORTELA。川本氏は、スクアルツィ氏の世界観を味わえるこのショップでインスタレーションを手がけた。ヴィンテージをルーツにした服作りへのこだわりや、クラシカルなワークスタイルからイメージを膨らませている。ウインドウ手前の空間では、ダークな色味の植物にオレンジ色の花や食虫植物を加えて、渋さのなかにも華やかさと毒っ気をプラスしている。

普段は商品がディスプレイされている棚には、小さな鉢のサボテンや切り枝を詰め込み、その下の引き出しからもまるで緑が溢れ出すかのように枝葉や実ものを配した。カットされた葉や枝は、徐々に色あせていくことで根付きの植物とのコントラストが付くことを想定してスタイリングされている。さらに、時間の経過とともに、植物が成長したり、花が咲いたりすることでその姿は変化し、訪れるたびに違う表情を見せてくれるだろう。足元に目を向ければ、タイルに映える美しい葉が動線に沿って敷き詰められ、来店者を楽しませてくれる。

talk with...
Alessandro Squarzi *("FORTELA" Founder/Designer)*

ファッションを愛する世界中の人々が、関心を寄せるFORTELAのファウンダー兼デザイナー、アレッサンドロ・スクアルツィ氏。前ページで紹介したFORTELAでのインスタレーションの直前に、川本氏との対談が実現した。川本氏もリスペクトしてやまない彼のファッションやスタイル、その根源にあるものとは。

<u>クリエイティブなものの根源にある、美しいものへの探求心</u>

川本 諭（以下、川）：僕は、日々植物に触れていますが、スクアルツィさんは、植物を育てたりされていますか？
スクアルツィ（以下、S）：自宅で娘のアッレーグラがプレゼントしてくれた小さなバラを育てています。その花が咲いているのを見ると、とても幸せな気分になりますね。育てているのはそのくらいなのですが、花は定期的に買って、自宅に飾っています。
川：娘さんのくれたバラとは、とても素敵なお話ですね。そういえば以前、スクアルツィさんの海のお宅のお話をしましたね。機会があったら、そのお宅でも植栽をさせてもらえたらいいなと思っています。
S：ぜひ。ただ、海に面しているので潮風の問題があるんです。浜風で痛んでしまっている植物があるので、諭さんに、どうしたらいいか聞いてみたいと思っていました。
川：もちろん、相談に乗らせてください。イタリアはまだまだ僕にとっては未知の場所です。行ったことのない場所で、新たな刺激をもらえそうです。スクアルツィさんは、どんなものからインスピレーションを受けていますか？
S：インスピレーションのソースとしては、モードやファッションにはあまり興味がなくて、むしろそういったものがどんなルーツを持っているかということを探求しています。例えば、ヴィンテージのものやファブリックを見たり触れたりするなかで、インスパイアされることが多いですね。そうした意味で言うと、FORTELAというブランドの良さは、シーズンごとに変わることのない普遍的なところだと思っています。
川：ルーツであって、ファッションそのものからはあまりインスピレーションを受けないんですね。それは面白いです。では、ファッションと植物の繋がりは、僕たちに何をもたらしてくれると思いますか？

S：ファッションも、植物を使ったアートも、そしてほかのアートに関しても、どれも掘り下げていくと、根の部分は一緒だと思います。美しいものからインスピレーションを受けることや、美しいものへの探究心からできているものなので、そういう意味での繋がりは深いと思いますね。

スクアルツィ氏が考える、
FORTELAの今後の展望

川：『Deco Room with Plants』は、僕のライフスタイルについても触れている本です。スクアルツィさんにとって、ライフスタイルとはどのようなものでしょう？
S：実は、今はそんなに自慢できるようなライフスタイルを送れていないんです。インスタグラムで見ている人たちは、私のことを羨ましいと思っているかもしれませんが、やはり仕事が一番になってしまい、娘といる時間などの色々なものを犠牲にしているので……。
川：インスタグラムを拝見していると、とても生活を楽しんでいるように感じて、羨ましいなと思っていました。
S：そうですね。人前に出るときは、あまりネガティブなメッセージを発信しても仕方がないので（笑）。
川：今、相当にお忙しそうですよね。では、もし時間ができたら、してみたいことや、展開していきたいことはありますか？

S：半分冗談ですが、リタイアしてリラックスしたいですね。
川：そんな、そんな（笑）。
S：FORTELAはまだまだこれから、大きくするというよりは成長させていきたいと思っています。それと、FORTELAでデニムブランドを立ち上げようと構想中です。
川：いいですね。僕は今、東京とNYに7つのショップを展開しています。そして、今度はミラノに、また来年はヨーロッパのある国に出店する予定なんです。FORTELAは、そういった海外での展開を考えていますか？
S：ショップインショップといった形でもいいのですが、海外でもショップを展開していきたいと思っています。中国やロンドンで声を掛けてくれている人もいますし、もちろん日本でもやってみたいですね。ただ、それを実現するには、FORTELAの世界観をしっかりと反映してくれるパートナーが欠かせないと思っています。

川本氏の感性とFORTELAの世界観、
そのふたつが組み合わさって生まれるもの

川：『Deco Room with Plants』を読んで、どう思われましたか？
S：植物を扱うことで、これだけ世界の広がりを見せられることや、ここまで発信できるということはすごいことだと思います。そういう意味で、ジェラシーを感じますね。どんな分野の方が読んでも、ページをめくるだけでポジティブなインスピレーションやエナジーをもらえる本だと思います。
川：ありがとうございます。スクアルツィさんが本を作るとしたら、どんな本にしたいですか？
S：『Deco Room with Plants』のような本を作れたらいいですね。
川：ルックブックや、FORTELAの世界観を表現するビジュアルブックですか？
S：そうですね。ただ、残念ながら自分にはその技量がないので。
川：僕も、制作チーム、例えば編集者やデザイナー、カメラマンといった人たちがいるからできているんです。
S：では、その方達に、私が作りたいと言っていると伝えてくださったら（笑）。
川：もし作るのであれば、演出やスタイリングは僕にさせてください！
S：ぜひ、お願いします。
川：今回、FORTELAでインスタレーションをさせていただきますが、それに対してはどのようなお気持ちですか？
S：FORTELAのお店でインスタレーションをしていただけることをとても嬉しく思っています。『Deco Room with Plants』を読んで、改めてすごい方とお仕事させていただいているな、と感じています。ショップ自体が大きくはないので、あまりスペースを提供できないのが残念なのですが、いい仕事をしてくれると確信しています。
川：ありがとうございます。では、最後にメッセージをお願いします。
S：諭さんは、プロフェッショナルでもあってクリエイティブな方なので、極端な話、植物に興味のなかった方でも、FORTELAでのインスタレーションを見に来ていただければ、必ず心に残るものがあると思います。諭さんの作品とFORTELAの世界観に、ぜひ入り込みに来てください。

Alessandro Squarzi
アレッサンドロ・スクアルツィ

1965年生まれ。ミラノを拠点として活動し、FORTELA、AS65、Atlantic Starsの3ブランドを手がけるイタリア人起業家。ヴィンテージをこよなく愛し、イタリアでもっとも知られたコレクターである。ストリート・ファッションスナップや、写真集『The Sartorialist』で著名な写真家スコット・シューマンのブログに登場したところ、そのセンスが注目され一躍有名に。インスタグラムでは13万人を超えるフォロワーを持つ、ファッションアイコンでもある。

FORTELA
Via Melzo, 17, 20129 Milan, Italy
Open: Mon 3pm-8pm, Tue-Sat 11-8pm

CONTENTS IV

—

PROJECTS OF GREEN FINGERS

グリーンフィンガーズの活動

———

川本氏の活動を語る上で欠かすことができない、国内外で手がけたクライア
ントワークの数々。近年では商業施設や店舗の立ち上げに携わり、空間演出
をいちからおこなう機会も増えている。その一方、自らの可能性を拡げるため
に精力的に取り組んでいるのが、自由な表現の場としてのエキシビションだ。
ここでは川本氏の手がけた仕事や展示、そしてグリーンの分野の枠を超えた
コラボレーションを通じて、独創性に溢れたクリエイティビティに迫る。

Works

Photographed by Andrew Jackson

MUJI Fifth Avenue

2015年、ニューヨーク市マンハッタンの5番街にオープンした無印良品のアメリカでの旗艦店、MUJI Fifth Avenue。アメリカ最大の売り場面積を誇り、ウエア、フード、インテリアなど衣食住にまつわる、あらゆるアイテムが揃うこのショップで、GREEN FINGERSが植物を担当。アノニマスなデザインのプロダクツに多様なフォルムの植物を配し、フレッシュで有機的な空間を創り出した。

○475 Fifth Avenue, New York, NY 10017　Open: MON-SAT 10-9pm, SUN 11-8pm

Works

FREEMANS SPORTING CLUB — GINZA SIX

銀座エリア最大の商業施設GINZA SIXに出店した、FSC国内3店舗目となるオンリーショップ。東京店、二子玉川店に続き、今回も川本氏がスタイリングを手がけた。店のアイコンともいえる剥製は、種々の植物がリースのように取り囲み、ワイルドかつ気品を感じさせる仕上がりに。白を基調とした店内でグリーンが主張しすぎず、かつアクセントとして効いているのは、絶妙なバランス感覚が成せる技。

○東京都中央区銀座6-10-1 GINZA SIX 5F　Open:〔Shop/Barber〕10:30-8:30pm

Works

Photographed by Satoshi Kawamoto

ISETAN THE JAPAN STORE KUALA LUMPUR

伊勢丹が日本の暮らしやこだわりを海外に届けるストアとして、ジャパンブランドにこだわった商品を展開するデパートをクアラルンプールに2016年オープン。日本の心地よい暮らしをテーマにしたフロアでひときわ目を引く、竹で作られたパビリオンを川本氏が装飾した。天井に向かって勢いよく伸びる植物やボリュームのあるエアプランツを用いたダイナミックなスタイリングは、まるでアートピースのよう。

○LOT 10 SHOPPING CENTER 50 JALAN　SULTAN ISMAIL 50250 KUALA LUMPUR, MALAYSIA　Open:11-9pm (LGF-3F)

TAKASAKI OPA

高崎駅前に誕生した大型商業施設、高崎オーパ。この施設のエントランスやフードホールといった共有部分に、川本氏が植栽演出を施した。ネイビーの壁に花や葉をあしらったディスプレイは、手前に置かれた背の高い植物とのコントラストが面白い。また、個性的な形の葉で外壁を彩ったエントランスは、施設に訪れる人々だけでなく、駅を行き交う人々も気分を高揚させてくれる。

○群馬県高崎市八島町46-1　Open:10-9pm　※一部、営業時間が異なるショップあり

Works

NEWoMan
新宿駅に誕生した商業施設、NEWoManでは館内の植栽計画を手がけた。大人の女性のためのショップが立ち並ぶ館内で、エントランスや通路、休憩スペースなどいたるところにあしらった植物が心躍るひとときを演出。ワイルドなシダ植物やしだれるツル植物といった、異なる表情をみせる植物を組み合わせたスタイリングからは、繊細さと強さを併せ持った女性のしなやかな美しさが感じられる。

○東京都新宿区新宿4-1-6（JR新宿駅直結）　Open:〔Fashion〕11-9:30pm〔Ekinaka〕MON-FRI 8-10pm, SAT-SUN 8-9:30pm〔Food Hall〕7-4am
※一部、営業時間が異なる店舗あり

COSMOS INITIA
「WITH YOUR STYLE」をコンセプトにした住まいを提案するマンション、イニシア練馬北町のモデルルームでは、川本氏がNYで出会った感度の高い人々の部屋をイメージして一軒をまるごとコーディネート。新築のクリーンな雰囲気に、シャビーな質感のアイテムや手描きのチョークアートなどを取り入れ、肩肘を張らず自分らしく暮らすニューヨーカーのリアルなライフスタイルを提案した。

※期間限定のため、現在は終了

Exhibition

Exhibition 'NENGE' and future plan

個展「拈華」とこれからのこと

2016年4月、SIMPLICITY代表、緒方慎一郎氏が食、空間、器のすべてを手がける和食料理店、八雲茶寮のサロン企画展として、「拈華（ねんげ）」が開催された。緒方氏の「八雲茶寮という場に、どのように草木花をしつらえるか」という問いかけに対し、川本氏が独自の美意識で応えたこの展示では、新しい表現方法にチャレンジした。そんな当時の様子と今後どのような展示を行ってみたいかを伺ってみた。

新しいチャレンジ

個展「拈華」は、もともと緒方氏と仕事を通して知り合いだったことと、八雲茶寮という空間自体がとても素敵だなと思える場所だったということもあり、何か一緒にできたらいいなと常々思っていたんです。それに、面白いことをやってみたいという気持ちが常に自分にはあるので、個展の話をいただいて、これは面白そうと感じて取り組んでみました。また、このときには、僕自身では普段あまり扱わない切り花を使いました。この点が自分にとって新しいチャレンジだったと思っています。

刺激を受けた作品づくり

作品の作り方としては、緒方氏が器を選び、それに合わせて僕が華を活けていくというかたちでした。でもただ決められた器に僕が活けていって完成、ということではなく、両者の掛け合いがあり、作品を作っていきました。器について話を伺い、「こういう風に見せたい、こういうことを伝えたい」ということを汲み取って活けていきます。緒方氏は日本文化に関わることもされていて、僕にはないものを持っている方なので、話を伺うと「ああ、そういうことか」と納得できるようなことがたくさん

あって、とてもいい刺激を受けましたね。

自分の感覚で華を活ける

場所は、和のしつらえの空間ですし、マッチするものをと考えると必然的に和の表現になるわけですが、僕は生花をきちんと習ったわけではありません。でもそういう人が華を活けるということの面白さに期待して、僕に声をかけてくださったと思うので、自分の感覚で華を活けていきました。それができたということ、しかも素敵な空間で、ということがとても良かったと思います。例えば、通常の花ものももち

Exhibition

通常、生花では使われないカリフラワーとエアプランツなどを使った作品は、見る者に驚きを与えるスタイリング（左頁）。また、柔らかな光が差し込み、静謐さが漂う大きな窓に面した空間には、葉がシルバーに輝く多肉植物をメインに使うなどし、邸内から外を望んだ際にも庭に展示された作品が来場者の目を楽しませた（上）。八雲茶寮という特別な場所と厳選された器を前に、それらに合う植物を自分らしさも加えながら活けていく作業は、川本氏にとって貴重な体験となった。

『拈華』
緒方慎一郎、川本 諭著
（青幻舎／2017年10月5日刊行）
展示「拈華」の単なる図録ではなく、緒方氏と川本氏の掛け合いを収めた記録集的な一冊。撮影は、池田裕一氏と本書シリーズを通して制作に参加いただいている小松原英介氏。

ろん使いましたが、生花では普段使われないような野菜類や、多肉植物、エアプランツなどをたくさん使ったりして、自分らしさを表現しました。そういうところで面白さが出せたと思います。

作品づくりであらためて気づくこと

個展の開催期間は、日中の気温が暖かい季節になってきていたこともあって、作品を作るのは展示の直前になりました。切り花などは、季節によっては時間が経てば経つほど元気がなくなってきてしまうので、ある程度の制作スピードもなければならないんです。ですので、作品づくり本番の前に予行演習を行ったりしていたのですが、それでもやはりとても大変で時間との戦いでした。また、切り花は普段そんなにたくさん扱っていないこともあり、やってみてから気づかされることもあったのですが、そういったことも含めて、あらためて勉強もでき、いい機会にもなったと思っています。

二人のカメラマンの視点

この展示の様子は、実はフォトグラファーが2人いて、2人が同じ作品を別の背景色で撮影しています。1人は空間を背景に、もう1人は黒色を背景に写真を撮られているのですが、世界観が2つあることになる。だから、同じ作品でも見え方がまったく違って、とても面白いです。また、自分とは別の視点で作品が写し出されているので、他の人にはこういう風に見えていることもあるんだと、とても新鮮に感じますね。活けているときは、そんなことは頭になくて目の前の植物に集中していましたし。先ごろその写真を掲載した、この展示についての書籍も刊行されたので、ぜひ書店で見てもらえると嬉しいです。

新たな個展に向けて

現在、イタリアでのショップ展開について進めている真っ最中なのですが、実は海外店舗はもう一店舗出店を考えています。ニューヨークとイタリア以外のヨーロッパの国になるのですが、そこに出店したタイミングに合わせて個展ができたらいいなと思っているところです。ニューヨークでは一度個展を実現できましたから、次はヨーロッパでできたらなと。まだ計画段階の話ではありますが、店舗を開きたいと考えているエリアの路地裏を歩いてみたら、歴史があったり個性的な建物が多く立ち並んでいたりして、とても面白かったんです。そういう場所で何かできたらいいなと思っています。また、開催するとしたら、突拍子もないようなことをやってみたいですね。たとえば、小さな部屋をひとつ借りて、その中を植物だらけにしてしまうとか。しかも荒れた感じにしたり。それは、ドアを開けたら自分がどこにいるのか思わず錯覚を起こしてしまうような空間をイメージしています。海外でショップを展開するのは、本当に大変なことが多いのですが、オープンするからにはこういう風に楽しめる要素もあるといいなと思っています。

Outfit collaborations

CORRIDOR

デザイナーDan Snyderによる、made in NYにこだわったシャツを中心に展開するNY発のブランド、CORRIDOR。今回のコラボレーションでは、CORRIDOR定番のシャツジャケットをもとに、川本氏のエッセンスをプラス。襟の裏側にはオリエンタルなイカット柄のファブリックを使用しており、襟を立てると表情の違いが楽しめる。さらに、ボタンをひとつだけ違うものに変えるなど、さりげないアクセントが効いた一着に仕上がっている。

Photographed by Derek Siyarngnork

VICTORY SPORTSWEAR

VICTORY SPORTSWEARは、1980年代初頭にマサチューセッツ州で創業し、ランナーのためのカスタムシューズブランドとしてその名を馳せるシューズメーカー。VICTORY SPORTSWEARのスニーカーを日頃から愛用している川本氏のラブコールで実現した別注スニーカーは、カラーにGREEN FINGERSらしさを感じさせるモスグリーンをチョイス。かかとに使用したナチュラルレザーは、履くほどに足に馴染み、味わい深さが増していく。

Outfit collaborations

Photographed by Ed Fladung

QUALITY PEOPLES

メキシコのフォークロアやストリートカルチャーに、ハワイのサーフカルチャーや現代アートのエッセンスをミックスさせたブランド、QUALITY PEOPLES。2016 S/Sのルックブックのモデルに、川本氏が起用された。GREEN FINGERS MARKETでおこなわれた撮影では、服だけでなく彼のライフスタイルにもフィーチャー。ほどよく力の抜けたリラックス感のある着こなしが、QUALITY PEOPLESの世界観ともマッチしている。

QUALITY MENDING

GREEN FINGERS MARKETでは、ニューヨークに拠点を置くヴィンテージクロージングショップ、QUALITY MENDINGとのコラボレーションを展開。「GREEN FINGERS MARKET」の文字をプリントしたヴィンテージのバンダナや、1950年代のメイドインU.S.Aのボディをベースに、「rivington」「dude」「plant」「grow damn it」の4つのワードをチェーンステッチで施したTシャツなど、ベーシックなアイテムにひと手間を加えることで、新たな魅力を引き出している。

Column 3

Fashion for me
ファッションについて

———

アパレルブランドとのコラボレーションやモデル出演など、ファッションのフィールドでも目覚ましい活躍をみせる川本氏。思い入れのあるユナイテッドアローズ原宿本店のリニューアルに携われたことは、非常に感慨深いものがあったという。そんな川本氏が思うファッションの魅力、そしてファッションが彼に与えてくれるものとは。

1階の吹き抜け部分には、4～5mの大きな木を入れ、その木が成長することも見込んで植栽をデザイン。2階は、鉢を使わず土をむき出しにしてサボテンや多肉植物などをスタイリングした。メキシコの砂漠を切り取ってきたようなゴツゴツとした雰囲気が面白い。3階では、まっすぐに伸びた植物を選んでいる。

UA原宿本店でのスタイリング

原宿のユナイテッドアローズは、僕が20年以上にわたって通い続けている、すごく思い入れのあるショップです。そんなショップがリニューアルし、新しく生まれ変わるというタイミングでプロジェクトに参加できることが嬉しくて、楽しく取り組ませていただきました。今回のプロジェクトでは、敷地のどの部分をスタイリングするかというところから提案をしています。特に力を入れたのは、1階にある吹き抜けの通路部分です。ここは風が通る空間なので、風に揺れた葉を見て気持ち良いと感じてもらえるような、人が集まれる空間にしたいという思いがありました。実際に、訪れた人からの反応も良いという話をスタッフの方から聞いていて、とても嬉しいですね。また、今回のリニューアルでは、メンズとウィメンズが統合することや、スタッフ一丸となってやっていこう、というような意味が込められた「UNITEDARROWSONE（ユナイテッドアローズワン）」というコンセプトが掲げられています。そこで、2階のウィメンズフロアではそのコンセプトを意識して、もともとウィメンズ館で中庭のディスプレイに使われていた溶岩や、入り口に置かれていたトネリコを再利用してスタイリングに取り入れています。そして、3階のテラスはメンズのドレスフロアなので、スタイリッシュなイメージで直線を意識したスタイリングを施しました。それぞれのフロアを訪れた人が、まったく違う印象を感じられるような、とてもいい空間になったと思いますよ。

Column 3
Fashion for me

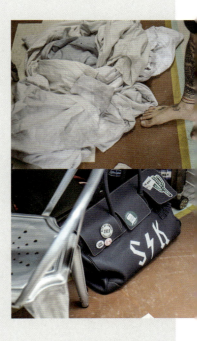

以前は、ヴィンテージや民族衣装の布やパーツを手持ちの服に縫い付けるリメイクをよくしていたという川本氏。今は飾り立てるよりも、レタリングやカットオフ、また染めるなどのリメイクを楽しんでいる。右上は墨汁で染めた服。ラフに染めても色ムラが味になるので、気軽にチャレンジできる。

NYの暮らしで学んだ、引き算の美学

小学校の低学年のころから、ひとりで電車に乗って新宿のデパートに服を買いに行っていたくらい、僕は昔からファッションが好きでした。生活を楽しむことにおいては、インテリアも植物もファッションも、すべてが繋がっていると思います。僕は、自分と同じような仕事をしている人からではなく、ファッションのバランス感や色味といった部分からインスピレーションを得ることが多いんです。ほかにも、建築物を見たり、美術館に行ったりと、自分と遠いジャンルから影響を受けていますね。また、NYで生活するようになってからは、引き算の美学をすごく感じています。例えば、キレイなシャツとパンツに、ボロボロになったスニーカーを合わせたり、穴の開いたTシャツとデニムに、磨かれた老舗メーカーの革靴を合わせていたり。そういう、自分自身を知っている着こなしというものをNYで学びましたね。このところ仕事でよく訪れているイタリアは、NYともまた違い、街を歩いているおじさんたちが、みんな体型に合ったスーツをキレイに着こなしているんです。その姿を見て、僕も実際に体験してみようと思い、老舗ブランドでナポリスタイルのシャツとスーツを仕立ててもらいました。同じヨーロッパでも、パリでは巻物をする人が多くて、至るところにスカーフ屋さんがあったりする。そうやって国によって違いがあり、ほかにはない良さがあると感じます。さまざまな国を訪れて、その国のファッションを見るのは楽しいですし、とても刺激になりますね。

Column 3　Fashion for me

Champion Japanのインスタグラムの写真は、スポーツブランドらしいカラフルでポップな世界観に、都会的なエッセンスをプラス。Championのアイコンであるロゴマークを印象的に見せたレイアウトと、街中にある鮮やかな色の壁やカラーペーパーを使った色使いが、海外のインスタグラムのような雰囲気に。

インスタグラムがもたらしてくれたもの

最近では、インスタグラムの影響を感じることが、とても多くなりました。例えば、オーストラリアのメルボルンで道を歩いていたら、突然「サティーでしょ？」と話し掛けられたので、知り合いかなと思ったら「インスタグラムをいつも見ているよ」と言われたり、NYでも、ふらっと入ったショップやカフェで「GREEN FINGERSのサティーだよね？」と声を掛けられたり。そんな風に、いろいろな国の人たちが僕のインスタグラムに注目してくれているというのは、とても嬉しいことですね。今、ある海外のハイブランドとの仕事の話が進んでいるのですが、それもインスタグラムのメッセージで、連絡をもらったんです。そうやって、インスタグラムがきっかけで友達になったり、仕事に繋がったり、ということが実際によくあって、すごく面白い世の中になったなと感じますね。そして、インスタグラムに関わる仕事としては、Champion Japanのオフィシャルインスタグラムのクリエイティブディレクターを今年の9月から務めています。海外では、ChampionはVETEMENTSとコラボしたり、URBAN OUTFITTERS限定カラーの服を作ったりしているので、日本でもそうした格好良いブランドというイメージが作れるのではないかと思っていて。インスタグラムを通じて、そういうイメージ作りのお手伝いができればいいですね。また、せっかくこうした機会をいただいているので、インスタグラムだけでない展開をChampionと一緒にできたらと考えています。

CONTENTS V

GLOBAL PRESENCE & FUTURE PROSPECTS

海外展開とこれからのこと

尽きることのない好奇心で未知の領域へとチャレンジを続け、新たな道を切り拓く川本氏。NYのショップが5年目を迎えた今、彼は次のステージとして、ヨーロッパでの活動をスタートさせた。感度の高い人々が集まる街、イタリア・ミラノで、どのようなスタイルを提案するのか。今、川本氏が思うこと、そして、その眼差しの先にあるものとは。

ミラノでの出店を決意させた、全面ガラス張りの見たことのない空間

ミラノのショップは、WOOLRICHのショップインショップという形での出店になります。これまでも、NYのWOOLRICHでは、オープニングのお仕事をさせてもらったり、ホリデイのインスタレーションをやらせてもらったりと、たびたびご一緒していて。今回のプロジェクトは、「ここは、まさにGREEN FINGERSが店をやるべき空間だよ」とWOOLRICHの社長から声をかけてもらったのがきっかけでした。そのときは、面白そうだなと思ったのですが、まだイメージが湧いていなかったんです。でも、実際にイタリアに行ってその空間を見たら、鳥肌が立ちました。NYでも見たことのないようなガラス張りのスペースで、こんな恵まれた場所は滅多にありません。素晴らしい機会を与えていただき、これは僕がやらないといけないな、という使命感が湧きました。ファッションブランドが立ち並ぶ、人通りの多い立地ですから、GREEN FINGERSや川本諭という存在を知ってもらうきっかけとしては最高の場所だと思っています。

今は11月上旬のオープンに向けて工事が進んでいて、僕はその間に下準備をしています。什器はヴィンテージをメインに、少しモダンなものも加えて、今までの店とは違った雰囲気になる予定です。商品のラインナップは、現地で仕入れてアレンジした植物はもちろん、日本からも時期によってさまざまなものを送って、僕がそのときにいいなと思うものが並ぶお店にしたいと思っています。また、お店をオープンして感じたことなどもアップデートしつつ、『Deco Room with Plants』を読んで感じ取ってもらえるようなものを、実際のお店でも表現していきたいですね。

初心に立ち返ることのできる、海外でのチャレンジ

新しい国では植物の仕入れにも苦労があります。もちろん下調べはしますが、ある一定の時季しか見ることができないので、オープンのタイミングに実際どうなって

GLOBAL PRESENCE & FUTURE PROSPECTS

いるのかは、行ってみるまで分からないですから。でも、そういう未知なところがいいんです。日本では、仕事をある程度任せられるスタッフがいますが、海外では1から10まで自分で動かなくてはいけない。それが、良い刺激になるんですよね。
まさに、今回の本のタイトルである「the basics」にも繋がっていて、初心に返るような気持ちになるというか。NYで店を始めるときに肌で感じた不安とワクワクを、今回も感じています。これまでの経験が少しは自信に繋がっていますが、それでも不安は尽きません。けれど、自分の作り出すものを信じて、人に興味を持ってもらえたり、驚きを与えたりできる空間を表現していきたいです。

これまでに触れたことのなかった、ヨーロッパのライフスタイル

ヨーロッパには、東京ともNYとも異なる文化があって、街並みやライフスタイル、そして服の着こなしも違います。例えばNYでは、朝は手にコーヒーを持って歩いている人がたくさんいますが、ミラノの人はカウンターでエスプレッソを飲んでから仕事に出かけるんです。また、NYではアパートメントに付いているのがファイヤー・エスケープなので植物を置くことができませんが、ミラノの街を歩いていると、小さなテラスでもフェンスを飛び越えるほどにたくさんの植物を育てている光景をよく見かけます。ミラノには植物を愛する人が多いのかな、という印象を持ちましたね。その一方で、街中に観葉植物や花を売る店はあっても、GREEN FINGERSのような店は皆無に等しいんです。なので、自分がこの場所でお店をやったら、きっと面白いものになると感じています。ヨーロッパで、自分がどういった評価を受けるのか楽しみですね。
また、ミラノでの短い滞在期間のなかでも新たな出会いがあり、イタリアのトレードフェアや老舗ブランド、アートマガジンといったさまざまなジャンルの人たちと何か一緒にできたらいいね、という話が進んでいます。今後の展開がとても楽しみですし、それを発表できる日が早く来るよう願っています。

101

Below: Photographed by Eisuke Komatsubara(Moana co., ltd.)

<u>快適な生活を送る上で、
欠かすことのできないワークアウト</u>

NY、東京、ミラノの3都市に拠点を持ち、さまざまな国を行き来する生活において、欠かすことのできないのがワークアウトです。もともと、フィットネスクラブでのトレーナーや、パーソナルトレーナーをしていた経験もあり、10代の頃からワークアウトは自分にとって切り離せないものでした。歯磨きのように、忘れて寝てしまったら気持ち悪い、そんな存在なんですね。だから、海外に滞在するときも、ジムが付いているホテルを探したり、公園で身体を動かしたりしています。

特に今、ミラノで緊張感のある生活をしているなかで、ワークアウトでリフレッシュするのは、まさにスイッチを切り替える大切な時間です。例えば、仕事で考えすぎて煮詰まってしまったときにも、1時間でも30分でも身体を動かしてストレスを発散したほうが良い成果が出ると思うんです。それに、努力して理想の体型を実現すれば、仕事でもプライベートでも気分が良くなります。そうすると、食べるものに気を遣うようになったり、服を着るのも楽しくなったり、さらには自分の住む空間を快適なものにして人を招きたくなったりと、何事にも前向きになれる気がするんです。

僕の場合は、週6日、各1〜1.5時間のワークアウトを行っています。ジムは苦手だけどランニングは好きという人もいるでしょうし、ほかにもプールやヨガなどいろいろな方法があるので、ぜひ自分に合ったものを、合ったペースで取り入れてみて欲しいですね。

<u>川本氏の飽くなき探究心、
この先に見据える未来とは</u>

個展についてのコラムでも触れましたが、イタリア以外のヨーロッパのある国での出店も視野に入れています。そのショップでは、GREEN FINGERSという名前を使わず、テイストもこれまでとは異なった、もっと作品に近いものを置きたいと思っています。

102

GLOBAL PRESENCE & FUTURE PROSPECTS

僕は店をたくさん増やしていきたいと思っているわけではなくて、与えられた機会を活かして格好良い空間を作りたい、という気持ちに突き動かされています。別のプロジェクトや個展でも、その想いに変わりはありません。
振り返ってみると、昨年は6割がNY、3割が日本、残りの1割はマレーシアなどのアジアの国に滞在するというバランスでした。今年は日本にいることが多く、この本を作ったり、大きな商業施設などの仕事をしたりすることができました。良い意味で、一年先は何をしているのか分からない。今までもそうでしたし、これから先もそうだと思います。自分でも、想像もできないことが起こるんだろうな、と思う

とワクワクします。新たな挑戦をし続けて、常に進化していきたいですね。

**訪れた人同士が繋がり、
化学反応が起こる場を作りたい**

ヨーロッパの出店や海外の仕事が忙しいですが、少し落ち着いたら日本のGREEN FINGERSを引っ越して大きくしようと思っています。自分が成長していったように、GREEN FINGERSも大人になって、すっきりと見せたいんです。新店舗では、部屋のサンプルのようなものを作って、植物だけでなくインテリアやファッションも含めた表現ができたらと考えています。お店に行くと展示に近いものを見る

ことができるイメージですね。それと、ギャラリースペースも併設して、有名無名に関わらず、感性が合うと思う人の作品を置いたり、インスタレーションしたりしてもらえるようにしたいです。
また、最近は海外から来てくださる方も増えているのですが、今のお店は休憩する場所がないので長居ができないんです。そこで、今度はコーヒーや軽食もとれるようなスペースを作りたいと思っています。せっかく来てくださる方をもっともてなしたいですし、良い記憶を残してまた訪れてもらいたい。そして、人と人が出会って面白いことが始まる、そんなきっかけになる空間を提供していきたいです。今後のGREEN FINGERSに乞うご期待です！

About
GREEN FINGERS

グリーンフィンガーズについて

日本のみならず、ニューヨーク、さらにはイタリアにも出店し、世界中の人々を魅了している GREEN FINGERS。柔軟に変化しながら常に新しい感覚を提案する、まさに川本氏の「今」を体現している場といえるだろう。それぞれ趣向の異なる8つのショップは、植物や雑貨などの選び抜かれた品に出合えるだけでなく、感性を刺激してくれるアイデアの宝庫だ。

GREEN FINGERS

三軒茶屋の駅前の喧騒を離れた閑静な住宅街に店を構える、GREEN FINGERSの国内メイン店舗であるファクトリーショップ。店内に一歩足を踏み入れれば、ほかではなかなか見ることのできない植物、作家による一点ものの作品やアクセサリー、アンティークの家具など、川本氏のお気に入りをジャンルを問わずに詰め込んだ空間に好奇心が掻き立てられるはず。いつ訪れても新鮮な発見があり、買い物の楽しさを感じさせてくれるショップだ。

東京都世田谷区三軒茶屋1-13-5 1F
12:00-20:00
水曜定休日
03-6450-9541

GREEN FINGERS MARKET NEW YORK

海外1号店としてNYにオープンした「GREEN FINGERS NEY YORK」。2014年にはさまざまなブランドが融合したマーケットスタイルとして装いも新たにリニューアルオープン。プランツをはじめ、インテリアやファッションなどを通じて上質なライフスタイルを提案している。老舗ヴィンテージショップ「FOREMOST」のオーナー根本洋二氏と、ヴィンテージディーラーJohn Gluckow氏がセレクトしたクロージングも人気。マーケットで掘り出しものを探す気分で訪れたい。

5 Rivington street New York,NY 10002 USA
月〜土　12:00-20:00
日 11:00-19:00
+1(646)964 4420

GREEN FINGERS MILANO

イタリア・ミラノの目抜通りであるコルソヴェネツィアに、GREEN FINGERSのヨーロッパ初となるショップがオープン。WOOLRICHのショップインショップとして展開し、植物だけでなく川本氏の感性でセレクトした雑貨などの商品が並ぶ。

WOOLRICH - Corso Venezia, 3 20121 Milan, Italy
営業時間等の詳細は、www.greenfingers.jpまで

UNDER CONSTRUCTION

KNOCK by GREEN FINGERS

インテリアショップ、ACTUSのショップインショップ。メンズライクなインドアプランツから個性的な植物まで幅広いラインナップで、空間に合った植物のスタイリング方法やアイデアを発見できるはず。ACTUSのインテリアとの組み合わせを考えるのも楽しい。

東京都港区北青山2-12-28 1F ACTUS Aoyama
11:00-20:00
03-5771-3591

KNOCK by GREEN FINGERS MINATOMIRAI

みなとみらい駅直結の大型商業施設にある、ACTUS MINATOMIRAI内の店舗。多彩な植物はもちろんのこと、インテリアに合わせて選べるカラフルなポットや雑貨、ツールなど、ライフスタイルに彩りを添えてくれるアイテムが充実している。

神奈川県横浜市西区みなとみらい3-5-1 MARK IS みなとみらい 1F
10:00-20:00
045-650-8781

KNOCK by GREEN FINGERS TENNOZU

ACTUSが提案するライフスタイルストア、SLOW HOUSEにて展開。エントランスを取り囲む多種多様なプランツのほか、ガラス容器にサボテンや多肉植物、エアプランツなどを組み合わせてオリジナルのテラリウムが作れるテラリウムバーも設けられている。

東京都品川区東品川2-1-3 SLOW HOUSE
11:00-20:00
03-5495-9471

PLANT & SUPPLY by GREEN FINGERS

セレクトショップが立ち並ぶ神南エリアにあるURBAN RESEARCHの3Fに位置するショップ。服や靴を選ぶように気軽に楽しめる、初心者でも取り入れやすい植物を豊富に取り揃えている。1Fエントランスや店内に描かれた、川本氏によるドローイングも必見。

東京都渋谷区神南1-14-5 URBAN RESEARCH 3F
11:00-20:30
03-6455-1971

GREEN FINGERS MARKET FUTAKOTAMAGAWA

NY発の古き良きジェントルマンを体現するFREEMANS SPORTING CLUBの二子玉川店に併設されたショップ。マーケットスタイルの店内には、FSCのスタイルにマッチするグリーンが所狭しと並べられている。また、この店だけの限定商品も魅力のひとつ。

東京都世田谷区玉川3-8-2 玉川高島屋S・C 南館アネックス 3F
10:00-21:00 (TAMAGAWA TAKASHIMAYA S・C の営業時間に準ずる)
03-6805-7965

Profile

川本 諭 *Satoshi Kawamoto*

GREEN FINGERS代表／プラントアーティスト

グリーンが持つ本来の自然美と経年変化を魅せる、独自のスタイリングを提唱するプラントアーティストとして活動。自身がディレクションする植物を中心としたライフスタイルショップを東京、NYなどに7店舗展開し、インスタレーションや空間スタイリング、商品デザインなど、植物のみにとどまらず、幅広いジャンルのディレクターとしての活動もおこなう。2015年には、ラフォーレミュージアムにおいて、植物をテーマにしたものとして最大規模の個展「HERE AND THERE」を開催。近年では、UNITED ARROWS、GAP、WOOLRICH、NEWoManなどをクライアントとした空間演出を手がけ、グリーンと人との関わり方をより豊かに、身近に感じてもらえる新しいフィールドを開拓している。

Deco Room with Plants　the basics
植物と生活をたのしむ、スタイリング＆コーディネート

2017年11月19日　初版第1刷発行

著者	川本 諭
撮影	小松原 英介 (Moana co., ltd.)
	Matteo Bianchessi (P.81-84、P.100-101、P.102 / Right-104)
スタイリング	川本 諭
デザイン・DTP	中山 正成 (APRIL FOOL Inc.)
編集	たなかともみ (HOEDOWN Inc.)
	松山 知世 (BNN, Inc.)
協力	COMPLEX
	NORDISK
	SLOANE ANGELL STUDIO
	Tom Dixon
発行人	上原 哲郎
発行所	株式会社ビー・エヌ・エヌ新社
	〒150-0022
	東京都渋谷区恵比寿南一丁目20番6号
	FAX: 03-5725-1511
	E-mail: info@bnn.co.jp
	URL: www.bnn.co.jp
印刷	シナノ印刷株式会社

○本書の内容に関するお問い合わせは弊社Webサイトから、
　またはお名前とご連絡先を明記のうえE-mailにてご連絡ください。
○本書の一部または全部について個人で使用するほかは、
　著作権上 (株) ビー・エヌ・エヌ新社および著作権者の承諾を得ずに
　無断で複写、複製することは禁じられております。
○乱丁本・落丁本はお取り替えいたします。
○定価はカバーに記載されております。

Licensed by TOKYO TOWER (P.66, P.109)

©2017 Satoshi Kawamoto
ISBN978-4-8025-1073-8
Printed in Japan